Cornelia Haas · Ulrich Renz

Mon plus beau rêve

আমার সবচেয়ে সুন্দর স্বপ্ন

Livre bilingue pour enfants

avec livre audio et vidéo en ligne

Traduction:

Martin Andler (français)

Kuheli Dutta (bengali)

Livre audio et vidéo :

www.sefa-bilingual.com/bonus

Accès gratuit avec le mot de passe:

français: **BDFR1527**

bengali: **BDBN1123**

Lulu n'arrive pas à s'endormir. Tous les autres rêvent déjà – le requin, l'éléphant, la petite souris, le dragon, le kangourou, le chevalier, le singe, le pilote. Et le bébé lion. Même Nounours a du mal à garder ses yeux ouverts.

Eh Nounours, tu m'emmènes dans ton rêve ?

লুলুর ঘুম আসছে না। অন্য সবাই ইতিমধ্যে স্বপ্ন দেখছে – হাঙ্গর, হাতি, ছোট ইঁদুর, ড্রাগন, ক্যাঙ্গারু নাইট, বানর, পাইলট এবং সিংহ শাবক। এমনকি ভালুকেরও চোখ খোলা রাখতে কষ্ট হচ্ছে …

আরে ভালুক, তুমি কি আমাকে তোমার স্বপ্নে নিয়ে যাবে?

Tout de suite, voilà Lulu dans le pays des rêves des ours. Nounours attrape des poissons dans le lac Tagayumi. Et Lulu se demande qui peut bien vivre là-haut dans les arbres ?

Quand le rêve est fini, Lulu veut encore une aventure. Viens avec moi, allons voir le requin ! De quoi peut-il bien rêver ?

এবং সেই সঙ্গে, লুলু নিজেকে ভালুকের স্বপ্নভূমিতে আবিষ্কার করে। ভালুক টাগায়ুমি হ্রদে মাছ ধরে। আর লুলু ভাবে, উপরের গাছগুলোতে কে থাকতে পারে?
স্বপ্ন শেষ হলে, লুলু আরেক দু:সাহসিক অভিযানে যেতে চায়। চল, হাঙ্গরকে দেখতে যাই! সে কিসের স্বপ্ন দেখছে?

Le requin joue à chat avec les poissons. Enfin, il a des amis ! Personne n'a peur de ses dents pointues.

Quand le rêve est fini, Lulu veut encore une aventure. Venez avec moi, allons voir l'éléphant ! De quoi peut-il bien rêver ?

হাঙ্গর মাছের সঙ্গে ছোঁয়াছুয়ি খেলছে। অবশেষে সে কিছু বন্ধু পেয়েছে! কেউ তার তীক্ষ্ণ দাঁত ভয় পাচ্ছে না।

স্বপ্ন শেষ হলে, লুলু আরেক দুঃসাহসিক অভিযানে যেতে চায়। চল, হাতিকে দেখতে যাই! সে কিসের স্বপ্ন দেখছে?

L'éléphant est léger comme une plume et il peut voler ! Dans un instant il va se poser dans la prairie céleste.

Quand le rêve est fini, Lulu veut encore une aventure. Venez avec moi, allons voir la petite souris. De quoi peut-elle bien rêver ?

হাতি পালকের মত হালকা এবং উড়তে পারে! সে আকাশমণ্ডলীয় ঘাসভূমির উপর অবতরণ করতে চলেছে।

স্বপ্ন শেষ হলে, লুলু আরেক দু:সাহসিক অভিযানে যেতে চায়। চল, নেংটি ইঁদুরকে দেখতে যাই! সে কিসের স্বপ্ন দেখছে?

La petite souris visite la fête foraine. Ce qui lui plaît le plus, ce sont les montagnes russes.

Quand le rêve est fini, Lulu veut encore une aventure. Venez avec moi, allons voir le dragon. De quoi peut-il bien rêver ?

নেংটি ইঁদুর মেলা দেখছে। তার নাগরদোলা সবচেয়ে বেশি পছন্দ।
স্বপ্ন শেষ হলে, লুলু আরেক দু:সাহসিক অভিযানে যেতে চায়। চল, ড্রাগনকে দেখতে যাই! সে কিসের স্বপ্ন দেখছে?

Le dragon a soif à force de cracher le feu. Il voudrait boire tout le lac de limonade !

Quand le rêve est fini, Lulu veut encore une aventure. Venez avec moi, allons voir le kangourou. De quoi peut-il bien rêver ?

ড্রাগন আগুন বের করে তৃষ্ণার্ত। সে পুরো লেবুর শরবতের হ্রদ পান করতে চায়। স্বপ্ন শেষ হলে, লুলু আরেক দুঃসাহসিক অভিযানে যেতে চায়। চল, ক্যাঙ্গারুকে দেখতে যাই! সে কিসের স্বপ্ন দেখছে?

Le kangourou sautille dans la fabrique de bonbons et remplit sa poche. Encore plus de ces bonbons bleus ! Et plus de sucettes ! Et du chocolat ! Quand le rêve est fini, Lulu veut encore une aventure. Venez avec moi, allons voir le chevalier ! De quoi peut-il bien rêver ?

ক্যাঙ্গারু ক্যান্ডি কারখানার চারপাশে লাফিয়ে চলে এবং তার থলি ভরাট করে। এমনকি নীল মিষ্টি আরো! এবং আরো ললিপপস! এবং চকোলেট!

স্বপ্ন শেষ হলে, লুলু আরেক দু:সাহসিক অভিযানে যেতে চায়।চল, নাইটকে দেখতে যাই! সে কিসের স্বপ্ন দেখছে?

Le chevalier a une bataille de gâteaux avec la princesse de ses rêves. Ouh-la-la, le gâteau à la crème a râté son but !
Quand le rêve est fini, Lulu veut encore une aventure. Venez avec moi, allons voir le singe ! De quoi peut-il bien rêver ?

নাইট তার স্বপ্নের রাজকুমারীর সঙ্গে কেকযুদ্ধ করছে। ওহো! মিশ্রিত ক্রিম কেক ভুল পথে চলে গেছে!

স্বপ্ন শেষ হলে, লুলু আরেক দু:সাহসিক অভিযানে যেতে চায়।চল, বানরকে দেখতে যাই! সে কিসের স্বপ্ন দেখছে?

Il a enfin neigé au pays des singes. Toute leur bande est en folie, et fait des bêtises.

Quand le rêve est fini, Lulu veut encore une aventure. Venez avec moi, allons voir le pilote ! Sur quel rêve a-t-il pu se poser ?

অবশেষে বানরভূমিতে তুষারপাত হয়েছে। পুরো বানরের ঝাঁক আত্মহারা হয়ে গেছে এবং বানরোচিত কাজে লিপ্ত হচ্ছে।

স্বপ্ন শেষ হলে, লুলু আরেক দু:সাহসিক অভিযানে যেতে চায়। চল, বিমানচালককে দেখতে যাই! সে কিসের স্বপ্ন দেখছে?

Le pilote vole et vole. Jusqu'au bout du monde, et encore au delà, jusqu'aux étoiles. Jamais aucun pilote ne l'avait fait.
Quand le rêve est fini, ils sont déjà tous très fatigués, et n'ont plus trop envie d'aventures. Mais quand même, ils veulent encore voir le bébé lion.
De quoi peut-il bien rêver ?

বিমানচালক উড়ে এবং উড়তেই থাকে। পৃথিবীর শেষ প্রান্তে, এমনকি আরও দূরে, তারার উপর পর্যন্ত। অন্য কোন বিমানচালক এখনও যা পারেনি।

স্বপ্ন শেষ হলে সবাই খুব ক্লান্ত হয়ে পড়ে এবং আর বেশি অভিযানে যাওয়ার ইচ্ছে থাকে না। কিন্তু তারা এখনও সিংহশাবককে দেখতে যেতে চায়। সে কিসের স্বপ্ন দেখছে?

Le bébé lion a le mal du pays, et voudrait retourner dans son lit bien chaud et douillet.
Et les autres aussi.

Et voilà que commence ...

সিংহশাবকের বাড়ির জন্য মন খারাপ এবং উষ্ণ, আরামদায়ক বিছানায় ফিরে যেতে চায়।
এবং অন্যরাও।

এবং এইভাবে শুরু হয় ...

... le plus beau rêve
de Lulu.

... লুলুর
সবচেয়ে সুন্দর স্বপ্ন।

Les auteurs

Cornelia Haas est née en 1972 à Ichenhausen près d'Augsbourg. Après une formation en apprentissage de fabricant d'enseignes et de publicités lumineuses, elle a fait des études de design à l'université de sciences appliquées de Münster où elle a obtenu son diplôme. Depuis 2001, elle illustre des livres pour enfants et adolescents, depuis 2013, elle enseigne la peinture acrylique et numérique à la à l'université de sciences appliquées de Münster.

Ulrich Renz est né en 1960 à Stuttgart (Allemagne). Après des études de littérature française à Paris, il fait ses études de médecine à Lübeck, puis dirige une maison d'édition scientifique et médicale. Aujourd'hui, Renz écrit des essais et des livres pour enfants et adolescents.

Tu aimes dessiner ?

Voici les images de l'histoire à colorier :

www.sefa-bilingual.com/coloring

Dors bien, petit loup

À lire à partir de 2 ans

avec livre audio et vidéo en ligne

Tim ne peut pas s'endormir. Son petit loup n'est plus là ! Est-ce qu'il l'a oublié dehors ? Tout seul, il part dans la nuit – et rencontre des compagnons inattendus …

Disponible dans vos langues?

▶ Consultez notre „Assistant Langues" :

www.sefa-bilingual.com/languages

Les cygnes sauvages

D'après un conte de fées de Hans Christian Andersen

Âge de lecture : 4-5 ans et plus

„ Les cygnes sauvages », de Hans Christian Andersen, n'est pas pour rien un des contes de fées les plus populaires du monde entier. Dans un style intemporel, il aborde les thématiques du drame humain : peur, courage, amour, trahison, séparation et retrouvailles.

Disponible dans vos langues?

▶ Consultez notre „Assistant Langues" :

www.sefa-bilingual.com/languages

© 2024 by Sefa Verlag Kirsten Bödeker, Lübeck, Germany

www.sefa-verlag.de

Special thanks to Paul Bödeker, Freiburg, Germany

Font: Noto Sans

All rights reserved. No part of this book may be reproduced without the written consent of the publisher

ISBN: 9783739963303